Made in the USA
Las Vegas, NV
08 June 2023

73143798R10070